D1755492

WIDNER • BULU

ALEXANDER WIDNER

BULU

Ein Auftritt

Wieser *Verlag*

Die Herausgabe dieses Buches erfolgte
mit freundlicher Unterstützung der Stadt Wien.

Stadt Wien

Wieser Verlag
ZaložbaWieser

•

Klagenfurt/Celovec · Wien · Ljubljana · Berlin

A-9020 Klagenfurt/Celovec, 8.-Mai-Straße 11
Tel. +43(0)463 370 36, Fax: +43(0)463 376 35
office@wieser-verlag.com
www.wieser-verlag.com

Copyright © 2024 bei Wieser Verlag GmbH
Klagenfurt/Celovec
Alle Rechte vorbehalten
Coverbild: Guido Katol ›Muse‹, 2012
ISBN 978-3-99029-661-5

1

Nicht in Samt und Seide,
in Sack und Lumpen,
am Kopf die Räude.
Nicht in Lack und Krinoline,
in der Hose einen Zwickel,
und die Nase voller Pickel.

Doch klappt die Verdauung
– weil die Zähne da –
zufolge bester Kauung,
und die Augen leuchten noch,
und im Mund immer ein Sang –
Arbeit ist der Untergang.

Ist der Sang einst aus dem Mund,
das Auge leer,
die Dichtung wund –
ist die Arbeit eingezogen.
Dann will ich sterben –
mein Dasein ist verlogen.

2

Bulu setzt den Hut sich auf,
geht gern aus,
lacht und denkt,
spuckt gern fremde Schuhe an.

König Bulu, dieser Bettler,
kann noch saufen wie ein Pferd.
Ist ihm dies einmal zu blöd,
bläst er Ringlein sich aus Rauch.

Bettler Bulu, dieser König,
hat ein Glasaug aus Smaragd,
eine Taschenuhr von Gold,
und ist niemals stier.

König Bulu, dieser Bettler,
hat ein Halsband mit Opal,
eine Hose voll von Spitzen,
nur man sieht sie nicht.

Bettler Bulu, dieser König,
schaut mit Augen in die Welt.
Darum ist die Welt so sauer,
weil sie Blicke nicht erträgt.

Ich bin ein Bettler,
doch die armen Schweine, die seid ihr.
Ihr gebt, um euch zu preisen.
Voll von eurer Gier,

spielt ihr Erlöser,
eure Großmut mir zu zeigen.
Ihr ludert euch durch Erdenschwere,
ich lege Schwere ab.

Bettler Bulu ist ein König.
Wir sind sein Pack.

3

Bulus barockes Menschentum
ist nicht für diese Welt.
Er setzt die Unbeschwertheit des Wahrhaften
gegen den gewissenlosen Tod.
Sein loses Maul gegen Langeweile,
den Träger dieser kleinen Zeit.
Und ist ein unversiegter Quell
stets geflammter Sinnenfreude.
Ein Schelm des Glücks
auf Beinen blanker Lust.

Glück ist immer sanft Vergangenes.
Bulu stellt sich fest ins Glück.
Warum soll Glück Vergangnes sein?
Warum nicht jetzt?

4

Bulus Freunde leben vor sich her.
Leben das Leben wie es ist –
nicht zu schwer.
Treiben stark in Erdenlust.
Wissen, dass das Leben fußt
auf dem Irrtum eines Zufalls.

Bulus Freunde tragen Laster sehr gelassen,
drum ist ihr Laster auch nicht bös.
Lassen sich von Schwere nicht erfassen,
nehmen Freiheit als Erlös.
Leben dem Augenblick und nicht der Weite,
nicht dem Himmel, leben dem Heute.

Doch ihr Blick ist daseinsfiebrig,
denn sie sehen das Heute klarer
als der ewig Höhenschwebende
und so fade Heilsbewahrer,
der niemals zu Erde Lebende,
dem das Menschliche zu niedrig.

Das Betragen etwas rüde.
Immer heilig macht nur müde,
ist das Motto der Bagage,
das die Bürger bringt in Rage.

Sitzen da mit sichtlichem Behagen,
singen trinken feiern laut,
scheren sich einen Dreck um ihr Betragen,
pfeifen auf die eigne Haut.

Leben wie am Tage des Gerichts,
lassen Leben in die Ohren schnalzen,
fällen lose wilde Weiber,
die fette Ärsche walzen.

Leben wie man einst gelebt,
als das Abenteuer noch galt
und der Mensch Naturteil war –
zwischen Tod und Leben kein Spalt!

5

Nächsten Tag gehenkt verreckt.
Mit nichts als Stricken um den Hals.
Der Strick von Hanf aus euren Gärten.
Mit eurem Hals auf eurem Kragen.
Und seht, zu was ein Hals
noch nütze ist.
Er hielt euch lebenslang bei Luft
und guter Laune.
Nun zeigt er euch, dass selbst der Freund
den Anspruch auf Verdienste hat.
Nun zeigt nur eurem Freund, dass er
euch Freund auch ist. Und gebt ihm nur
sein Recht.
Sein Recht,
die Adern abzuwürgen.
Sein Recht,
den Arsch euch schmal zu kneifen.
Sein Recht,
die Zunge blau zu färben und eure
Augen rauszutreiben bis sie blöd glotzen.
Nun steht ihr, Gnadenlose, da und fleht
um Gnade für den Gnadenlosen
beim stets die Gnade Gebenden,
dem ihr verweigert jedes Recht
und jede Tat des Freundes.
Er, der einseitig Freund euch war,
er kommt nun, eure Hemden kurz zu messen
und euren Hals zu sehen. Der, kurz oder lang,
für Luft in jedem Fall zu kurz.

Bescheißt euch nicht die Hosen,
wie ihrs mit fremden habt getan.
Und lasst die Luft nur schön verblasen.
Ihr habt davon genug gehabt.

6

Bulu sieht im heimatlichen Puff
Bürgermeisterlein im fröhlich Suff.
Chef de cité vergnügt sich damit
Scheinchen stecken in Busenschnitt
und diese wandernden Scheinchen
abzuwarten zwischen ruhenden Beinchen.
»Sire, Sie sind ein Arschloch,
tagsüber fein, doch nachts gekrochen in die miesesten Spelunken
um das Schwänzlein einzutunken
bei den fetten feilen Hennen
die Herr Chef des Tags nicht kennen.
Nimmst der armen Leute Steuern
um dir Huren anzuheuern.«
»Bulu kusch, du wirst moralisch,
wo du selber infernalisch
unsern Bürgern in die Nase stinkst
und im Pfuhl der Sünde tief und tiefer sinkst.«
Bulu schlägt ihm die Visage entzwei
und dann aus der Zähne drei.
»Ich bin auch nie fein und tugendhaft.
Für Feinheit zu arm, für Tugend zu voll mit Saft.
Doch du machst gerne in Familie
und gehest abends zu Tripper-Emilie.«
Bulu schlägt ihm noch zwei Zähne ein.
Den Zweier, den Dreier und eine Brücke
– Bürgermeisterlein hat heute noch die Lücke –
einen spuckt Chef aus, einen ins Hurendekollete hinein,
einen gibt er verloren, einen holt er aus dem Busen,

wird sehr mild, hebt an zu schmusen:
»Bulu, wir müssen zusammenhalten
und nicht unsere Interessen spalten.
Bulu, sagst du nichts zu Leutelchen
geb ich dir auch was fürs Beutelchen.
Und ich sag nichts zu Polente,
dass mir etlich Zähne fehlen
und du nachts gehst Hühner stehlen.«
Bulu hat seither klein Rente.

7

Meister Bulu lässt nicht zu,
dass man Ehre einer Frau
zieht durch den Kakau.
Kennt die Ehre einer Frau,
benutzt sie selbst, doch ist schlau.
Weiß dass Ehre bestens ist zu holen
mit Schweigen auf leisen Sohlen.
Schlägt die Prahler ins Gesicht,
tritt sie in den Steiß.
Vorlaute Schweine mögen ihn nicht.
Frauen der Ehe lieben ihn heiß.

8

Bulu stinkt wie ein Kamel.
Das kommt vom Saufen.
Isst die Suppe mit der Hand.
Lässt sie in die Hosen laufen.

Bulu, Schwein, wirst du dich endlich
wieder wie ein Menschlein geben!
Nach Tagen viehischen Benehmens
die Sinne neu beleben!

Bulu – folgsam – belebt die Sinne neu.
Mit Bier, mit Wein und viel Likör.
Tritt die Türen ein:
Pardon, wenn ich hier stör

aber meine Freunde wollten,
dass ich mich belebe.
Muss den Lieben nun beweisen,
dass meine Sinne neu und rege.

Gleich vorbei der Spuk.
Nur ein paar Türchen noch.
Es geschieht nichts. Keine Angst.
Nur für Türen ein bisschen Loch.

Bulu tritt so vierzig Türen durch,
dazu das eine oder andre Fensterlein
und so manches liebe Möbelstück.
Doch nach drei Stunden schläft er wieder ein.

Nochmals neu belebt noch sechzig Türen.
Dann macht Bulus Rasen Halt.
Er verlässt die Trümmer seines Wirkens.
Hundert Familien ist heute kalt.

9

Bulu liebt das Tun des freien Mannes,
der seine Spur nur einmal zieht
und nicht die abgebrannten alten Pfade
tritt und wieder tritt, bis ihm
der Schuh vom Fuß abfällt.
Der nicht geräderte Einseitigkeit
für die Verpflichtung nimmt, die
wir der Ordnung schuldig.
Und, im Rücken gut gedeckt
vom allgemeinen Ja,
das Werk mit Langweile misst
und nie zur Einheit wird.

Bulu nimmt, wenn geboten,
mit Bedacht.
Und hängt auch keine Ader dran,
dass Leidenschaft
ihn überfordere bei Dingen,
die dem Leben freies Tun
entziehen durch das Notwendige.

10

Bulu geht zur Nachbarin.
Statt mit Nachbar viel zu streiten
geht er dessen Vettel reiten.
Bulu also geht zu Frau, die zärtlich
ihm gleich streicht Gesicht das bärtlich.
Bulu schält sich aus Panier
zeigt stolz seine Manneszier.
Frau lacht geil, freut sich schon
auf so großes Bombardon.
Da sagt Bulu offen Frau:
Wenn im Bauch der Hunger nagt
das Zipflein nicht zur Decke ragt.
Frau geht dann in Küche, kocht
was Bulu gern gemocht.
Bulu nimmt sich Essen, Trunk
und dann erst Frau.
Streckt sie stark, nicht zu lau.
Mitten in das Werk des Glücks
kömmt der Nachbar hinterrücks,
macht Krawall, brüllt: Welche Not,
legt sich hin und ist tot.
(Wegen diesem alten Späßchen
biss schon mancher Mann ins Gräschen)
Bulu steigt vom Pferd – sehr ritterlich –
armes Pferd weint viel und bitterlich:
Bulu, weil du immer erst musst fressen,
hast du meinen Mann jetzt am Gewessen.
Mit deinem Saufen, deinem Fressen
hast du Zeit und Mann vergessen.

Bulu ist sensibel und empfindlich
reagiert auf Vorwurf trotzig-kindlich.
Pfeift auf Kost, geht nicht mehr hin
zu der armen Nachbarin.

11

Wenn Bulu sich freut, wächst
ihm die Sonne ins Gesicht.
Sein Lächeln scheint.
Und aus der Stirn schlagen Sterne die
Sternschnuppen gleich
den Menschenkindern Glück versprechen
und verlöschen.
Man weiß
Sternschnuppen verlöschen nur zum Schein.
Sie gehen zurück ins Weltenall,
und
sich wieder fallen lassend
leuchten neu und tragen
neues Glück zur Erde.
Nur selten schlagen sie auf.
Meist gehn sie heim
ein neues Glück zu holen
für Menschenkinder
die geduldig warten.
Warum sind sie so selten heute?
Sind ihre Gaben aufgebraucht?

Bulu freut sich und lässt
sein Lächeln scheinen.
Er stellt sich in den Garten und
wartet seiner Schnuppe.

12

Ein schönes Kindel
sitzt an der Spindel.
Muss wie zu Omas Tagen
für nichts die Finger plagen,
und trällert schöne Lieder,
die so lieblich, blöd und bieder,
wie seit Germaniens frühen Stunden
sie Eingang in alle Häuser haben gefunden.
Bulu tritt in die Idylle:
Ei, welch holde Mädchenfülle.
Mir ist mein Häuschen abgebrannt
vom Keller bis zur Bodenstiege.
Ein gutes Los hat mich zu dir gesandt.
Wenn du zufrieden, Bulu, nimm meine Liege.
Ich will helfen in dem Elend,
das für die Seele bitter quälend.
Es ist ja nur für eine Nacht,
bis du dich an das Werk gemacht,
den Lebensraum dir neu zu säumen.
Ich will auf den Matratzen träumen.
Bulu schmunzelt, zieht die schönste Fratze:
Hab ich Frau, hab ich Matratze.

Bulu bleibt dann wochenlang
und noch zwei, drei Jahre.
Hört sich an den Weibsgesang
und verklopft die Spindelware.
Sein Häuschen steht noch festens,

doch Bulu schläft auch auswärts bestens.
Häuschen ruht sich dieweil aus,
bis sein Meister kommt nachhaus.

13

Bulu denkt nicht dran
unter Last zu stöhnen.
Lässt den Tönen
der Natur Abzug aus dem Bann.
Statt die Fürzlein auszubellen
sich das Leben klemmvergällen?
Naturbelassne Dünste
dank ausgeklügelt zweifelhafter Künste
zum Schweigen bringen
statt zum Klingen?
Und wenn Natur muss hart entweichen,
nur zu Haus am Arsch zu streichen?

Bulu scheren nicht die blöden Sitten,
um Pardon für jeden Furz zu bitten.
Lebt nach Motto, eigen Befohl:
Jedem tun sein eigen Winde wohl.

14

Bulu schlägt die Türe zu
und entlässt die Welt.
Behaglich liegt Bulu im Tag.
Und lässt sich nicht fordern, gebieten
zu stören den Tag,
den Mensch zerstört.
Er weiht den Tag.
Er weiht, indem er sieht, erlebt
und nicht ihn treiben lässt.
Die Zeit, er treibt sie nicht,
er lässt sie in sich selbst vergehn
und jagt auch keiner Stunde nach.
Er lässt die Stunde ruhig entstehn,
entwickeln und dann ruhig sterben.
Beseligt dankt es ihm der Tag
und streift mit seinem Teil der Ewigkeit
den Freund.
Behaglich liegt Bulu im Tag.

15

Sehnsucht ist der kalte Halt,
die schwankende Gebärde.
Und wandelt und wandelt.
Und sucht den lösenden Traum,
der, aufgelöst, zur Sehnsucht wird.
Und sucht die lösende Wahrheit,
die, aufgelöst, zur Sehnsucht wird.
Und sucht das Einzige,
das, aufgelöst, zur Sehnsucht wird.
Und wandelt und wandelt.
Ein ganzes Leben wandelt.
Fort von ihm.
Auf dass von ihm nichts bleibt.

16

Mein Kleinod hat krumme Füße,
eine Nase wie ein Gurkenfass,
stinken tut sie, meine Süße,
und ihre Nas ist immer nass.

Mein Kleinod spielt im Sand,
weil es sonst nichts kann.
Es ist blöde wie ein König,
schaut auf die Hose jedem Mann.

Denn geil ist sie wie Affenscheiße,
wirft sich hin zu jeder Stund.
Werkt auch stets mit großem Fleiße,
plappert wie ein Kindermund.

Ihre Zähne waren einmal
weiß und stark und alle da,
nun sieht man das Zähnefleisch
und Mündchen wie bei Großmama.

Seh ich abends ihre Wäsche,
arg zerschlissen und voll Dreck,
dreh ich mich zur Seite
und schau weg.

Ist ein Haar auch in der Suppe,
rötlich, lang und nicht sehr rein,
tröstet mich dass es von ihr
über solche Schweinerein.

Denn ein Herz hat sie, die Süße,
wie ne Schaufel, riesengroß.
Schenkt dir Eier, Butter, Honig.
Sie ist doch mein großes Los.

17

Bulu ist etwas betrunken
unter einen Tisch gesunken.
Würgt und drückt und wehrt sich falls
sein Geld springt aus dem Hals.
Doch die Kraft des Weins ist stärker,
schlägt gegen Bulu den Berserker.
Bulu fügt sich: Gut, es sei.
Kotzt sich aus: Panta rhei.
Die alten Herren Griechen waren gescheit,
wußten um die Wirkung der Besoffenheit.
Hatten Sprüche stets parat,
selbst fürs Kotzen ein Zitat.

18

Komisch liegt Gott Arbeit,
der wahren Nützlichkeit,
die niemand kennt,
entzogen,
in den Armen der Gedanken.
Blöd beleckt er
ihr Angesicht.

Das Land
im Gesicht des alten Gottes
treibt
aus Erbärmlichkeit
ins Volle.
Blöd fließt ihm
Speichel aus dem Mund.

19

Gedankenlos wird armes Leben gestürzt!
Bedenkenlos das reiche abgeleckt!
Dass dir der Speichel giftig werde!
Und in alle Poren dringt!
Und in dein eignes Haus!
Auch elendstes Elend hängt am Leben!
Ja, du hängst auch!
Wie schön von dir!
Du wirst von dir gerührt!
Wie schön von dir!
Der arme Hund hängt dir zum Hals hinaus!
Wie schön von dir!
Leck immerfort die vollen Ärsche!
Bis dir die Zunge ist geschabt!
Der andre Hund ist dann in dir!
Und er hat seinen Teil von dir!

20

Bulu legt sich hin zu sinnen:
Was alles könnte ich beginnen,
wenn meine Taschen nicht so leer.
Ich baute mir ein Schloss am Meer,
ich triebe es mit schönen Weibern,
nicht mit verdreckten Dutzendleibern.
Ich legte mir ein Leben bei
mit wahren Träumen, Süchten und noch vielerlei.

Des Weltenlaufs Gerechtigkeit Bulu überfordert.
Er darum Gott zu sich beordert.
Gott hat eben sein gutes Jahr,
lässt zu Bulu sich herab,
spricht zu ihm: Komm, fahr
mit mir die Lande ab.
Gott zeigt Bulu manch Palast,
aus dem von Reichtum fast
die Gärten überquellen:
Bulu, siehst du drinnen die Gesellen?
Meinst du, ich gebe Reichtum an den falschen Mann?
Ich gebe Zucker dem, der ihn nicht beißen kann.
Und sagt gütig:
So wird keiner übermütig.

Bulu ist von seinem Traum erwacht,
knirscht die Zähne, dass es kracht:
Danke, Gott, ich habe lieber meine Zähne.
Mit ihnen kann ich immer neu beginnen.
Bulu hobelt wieder, es fliegen Späne.
Bulu wird um Reichtum nicht mehr sinnen.

21

Ein ältlich Fräulein
– singt sonntags im Chor –
nahm Bulu sich vor.
War besorgt um sein Heil,
gab fromm Sprüchlein ihm ein,
wollt werden sein Teil,
ihn sehn im Heiligenschein.

Einmal nach der Mess
macht Bulu kurz Prozess.
Legt Fräulein auf den Rücken
und fromm Fräulein lässt sich gern beglücken.
Bulu schmeckt das zähe Zeug nicht sonderlich:
Fräulein, du bist wonderlich,
bist so fromm, doch legst dich auf den Rücken.
Ach Bulu, nur über Sünden
führt der Weg zu höchsten Glücken.
Über meine behende Lende
führ ich dich zur Lebenswende.
Du wirst mit mir mein Häuschen teilen
und Gottes hohe Welt anpeilen.

Bulu hat genug
von Lug und Trug.
Schreibt Fräulein einen Brief:
Fräulein, Ihre Tugend – in allen Ehren –
ist nicht für mich, den Tugendleeren.
Gott wird mich dereinst verstehn,
dass ich meiner Wege so musst gehen
und nicht mit Ihrem Bittermief.

22

Bulu sieht im städtelichen Park
ein frisches Kind sich wehren stark
gegen die geschlechtlichen Gedanken eines greisen
Knackers, der sich noch nicht bekehrt zu einem Weisen.
Des Mitleids wegen sonst schwer auf Krücke
und am Kopfe die Perücke,
turtelt Knacker pubertätlich,
wirft in seine schmale Brust sich
und dann auf die fremde drauf.
Knöpft schon seine Hose auf.
Tut wie in seiner Jahre Lenz,
verliert vor Eifer seinen Trenz,
feiert neu die Pubenszenz
und bedrängt mit Liebesschwüren
unser Kind, das Ekel spüren
und sich übergeben muss.
»Nun, mein Herr ist aber Schluss.
Pardon, Sie passen zum Mägdelein
wie 4711 zum Schwein.«
Alter Zapf, von innen aufgewühlt,
ist sogleich stark abgekühlt.
In die Hos tritt Ruhe ein.
Zapf liegt wieder ruhig bei seinen Kügelein.

23

Bulu unser Lebensketzer
grüßt hübsch höflich mit Grandezza
schöne Frau und taube Nuss.
Diese in der Hoffnung auf Gewährung
einer leichten Stunde, jene wegen Zuschuss
zu seiner baldigen Bekehrung,
die der tauben Nuss am Herzen liegt,
damit die fromme Lebensart obsiegt.
Bulu nimmt das Erste, dann das Zweite,
sucht mit Zuschuss schnell das Weite
und lässt die Bekehrung warten
wegen einer lieblich zarten
Hochgebornen, -beinigen, die er gegrüßt,
die ihm nun die fromme Lebensart versüßt.
Lässt dem Ersten volles Recht,
solang ihm taube Nuss was blecht.
Und grüßt übernächste schöne Frau,
womit er einen Weg nimmt, der genau
zum übernächsten Bekehrungslamm führt,
dem sein Gruß das Herze rührt.
Nimmt den Schuss und schiebt Bekehrung auf,
da schöne Frau stoppt seinen Lauf
hinein in die Bekehrung
durch allerleichteste Gewährung.

Solang die Kräfte reichen,
Gewährung mit Bekehrung nicht zu vergleichen.
Nachdem man alles ihm gewährt,
wird Bulu nie so recht bekehrt.

24

Bulu kann mit feinster Sanftmut
Grobes sagen
und der gröbsten Grobheit
sanfte Zartheit leihen –
dessen, der die Zunge wandelt und
nicht nach Sinn lässt stehen.
Legt die Worte unter Worte,
brennt damit die Häuser ab,
verschlammt Gewässer,
klärt den Dreck.
Das Wort ist ihm Genosse,
den er für sich behält.
Seine Wege, nicht gebunden
an den Ton, schillern
durch die Worte; wie
des Wortes nicht der Sinn.
Doch des eignen Sinnes mächtig,
zaubert er ihn neu. Und gültig.
(Der Zimmermann
schlägt nicht
den krummen Nagel krumm ins Holz.
Er weiß, dass
Einzelnes die Ganzheit hält)

Dem Kopf entfallen
und verweht.
Dem Sinn geboren aus den Sinnen
und bewahrt.
Dem ahnend Lebenden den Fuß.
Dem Konstrukteur den Tritt.

25

Gute Frau nimmt Arbeit auf,
spürt zwei starke Hände,
Hände stark wie just vom Mann,
sanft ruhen auf der Lende.
Und auch weiter unten dann.
Mir kanns recht sein wie wann wo.
Nach drei Jahren nichts halt ich meinen Po
auch am Brunnenrand entgegen,
auch im Keller, selbst in Nesseln meinetwegen.
Wenn es nach Jahren nur geschieht.
Denn braven Mann, hintangestellt, nicht sie sieht.
Der guten Frau, über den Brunnen gebeugt,
ward so ein Kind gezeugt.
Bulu bedauert, dass Leidenschaft ihn übermannt
und entschwindet unerkannt.

Guter Gatte, nach Monaten Vater,
klärt nach Freudenrausch und Kater
welche Tat bewirkte die Bescherung.
Und findet nicht Erklärung.
Doch fügt sich in sein Los,
das ihm, der bisher kinderlos,
den Erben in die Wiege legt, ihm, der
bisher für zeugungsarm gehalten.
O Wunder müssen walten!

Mit den Augen des besorgten Zeugers
verfolgt das Werden des gezeugten Säugers
unser Bulu Tag für Nacht.
Ist voll Stolz und streichelt sacht

seine Gabe an die Welt,
der diese Welt sehr bald gefällt.
Für Bulu ist dies Werk das Werk der Werke,
Inbegriff von Mut und Stärke,
ihm aus dem Gesicht geflossen,
aus Blut und Fleisch und Freud gegossen,
wie Vater der Schönheit enthoben,
doch schon freudig zugewandt dem Toben.
Mit einem Blick aus Feuer,
der alles nimmt, was wesentlich,
wie Bulu seiner Umwelt nicht geheuer,
da schon der Knabe Fülle lebt, ganz, ohne Strich.
Freut euch, Bulu bleibt der Welt erhalten.
Auch nach Abgang Bulus des Alten.

26

Bulus Kindlein

Silbermünzen, Lichterbaum,
ein großes Schiff nach Singapur,
vierzehn Ponys. Bretterzaun,
wo Fut drauf steht,
einen Onkel mit viel Uhr,
Roboter, der fliegt und geht.
Doktorspiel, Kaugummi,
Motorrad, Superschi.
Kekse, tausendmal zu essen,
Fliegen in weitem Strahl benässen,
Scheiße auf das Lehrerpack,
zur Schule in des Pfarrers Frack.
Astronaut in Unterhosen,
täglicher Geburtstag, Elefant in Dosen,
Wasserleichen, Goldpantoffeln,
Boxerhund, Bratkartoffeln,
große Töne, Buntpapier,
Brillenschlangen, niemals stier.
Regentropfen auf die Spitze stellen,
segeln auf des Windes Wellen.
Der liebe Gott soll einmal lachen
und Mamachen noch ein Kindlein machen.
Die Armen in der Arktis,
sie wissen nicht, was ein Markt is.
The Prince of Wales
tells many pretty tales.
Jetzt mach ich noch lulu,
dann drück ich meine Äuglein zu.

27

Was ists mit Moral,
der Echtheit, weil die Demut, fehlt.
Sie ist das Kuckucksei im reinen Nest,
und im verdreckten auch.
Sie ist die Clownerei der Seele.
Ohne Spaß.
Das Narrenkostüm will nicht
zum echten Narren passen.
Der Tagesnarr legt es am Abend ab
und lachend geht er schlafen.
Verflucht es noch
und gibt's dem Nächsten ab.
Wir tragen den alten Fetzen auf,
bis er, zerfasert und gebleicht, vom
Leib uns fällt.

28

Erinnerung ist Weltgebiss.
Sie lacht und zeigt die Zähne,
wenn sie weiß.
Und lacht und beißt noch,
wenn sie faulen.
Viel Besitz.
Ein wenig Land, ein Haus.
Das andere ist Meer.
Groß. Nicht zu bebauen.
Nehmt euer Meer und euer Weltgebiss.
Ich bleibe beim Gewohnten.
Dem Heute.
Das Gestern und Besinnung
auf den nächsten Tag,
es schmeckt mir nicht.
Wozu das Wälzen im Gewesenen?
Wozu das Drehen um Kommendes?
Ich bleibe beim Gewohnten.
Dem Heute.
Das Gehenlassen einer Seele
hilft meinem Herz. Und auch dem Magen.

29

Bulus Freund Wenzels einziger Auftritt,
                               der lebenslänglich endete

Wenzels Rede schien sehr bitter,
doch Wenzels Gegner, seid gewiss, nicht lange litt er:
War das ein gescheite Mann?
Legt sich mit die Messer an?!
Stech ich Messer in die Herz,
war nix Ernst, nur bissl Scherz,
schreit in Nacht, was werden alles munter.
Still, mein Freund, sonst wird mir kunt und bunter.
Nix tut kusch, schreit und blutet, blutet, schreit,
hört man ihm schon weit und breit.
Stopf ich Faust im seine Fressen.
Leider Messer drin vergessen.
Mann schreit: Helft, ich hab ein Messer im Gesicht.
Kusch, mit im Mund mit Messer spricht man nicht.
Armes Wurm könnt heut noch singen,
viel Geschrei hat selbst ihm umgebringen.
Leider hat die Stich nix übersteht,
war bissl schwach und auch saubled.
Besser ist er weggeputzt,
kann die Menschheit nix viel nutzt.

30

Wenn das Leben nicht mehr singt,
wenn das Sagen bitter schmeckt,
wenn das Lachen sich verbirgt,
wenn der Geist sich duckt,
wenn Bescheidnes groß sich gibt,
wenn das Große sich beschmutzt,
wenn die Freude Sünde ist,
wenn die Muße Faulheit ist,
wenn die Arbeit Gottheit ist,
wenn der Fleiß Versklavung ist,
wenn die Pflicht Verpflichtung ist,
wenn die Zeit die Losung ist,
wenn das Land der Staat nur ist,
wenn Verstand allein das Leben ist.
Dann will ich gehn.
Und meine Zeit verkaufen.

31

Tag ist düster, grau und neblicht,
vor den Augen keine Weitsicht.
Altes Weib kommt, kriecht es kaum.
Bulu stellt sich hinter Baum:
Zähl bis zehn, dann wird gestorben,
Teufelsklaue hat dich fest umworben.
Alte kreischt, lauft was kann,
Gicht bricht aus, schreit: Ich bin im Bann
des Teufels, so helft mir, helft mir schon
gegen den verdammten Höllensohn.

Im Laufen plötzlich hält sie inne,
Gicht ist weg, klar die Sinne:
Das war doch nicht des Teufels Stimm.
Und mit Stock und Grimm
kehrt sie um zu Bulu, der nun sucht
sein Heil in heilloser Flucht.
Denn Angriffe alter Weiber wehren
will nicht zum Kavalier gehören.
Bulu schreckt nie mehr jemand,
Geistkarriere verlief im Sand.

32

Bulu lädt sich Freunde ein zum Speisen.
Ein Essen also in den feinsten Kreisen.
Will bereiten ein köstlich Mahl,
stiehlt dafür die Nachbarn kahl.
Huhn wird, mörderisch gewürzt,
in den Topf gestürzt,
gerührt, gegart, mit Schnaps begossen,
das gibt kräftigende Soßen.
Bulu gibt dazu, was fällt so in die Hand,
füllt damit den Topf bis an den Rand,
und begleitet zeremonielles Tun
mit großen Reden: Wie mache ich ein Huhn?
Voll Respekt gegenüber solchem Wissen
lauschen die Gesellen, sonst sehr gerissen,
und ergeben sich Bulus Überzeugungskraft,
die arme Zweifel beiseite rafft.

Eingedenk des Huhngelags
grüßt ihn keiner anderntags.
Manch Gesell erbat den letzten Segen,
schlich schon der Ewigkeit entgegen,
umgeben von Grabesfrieden,
nur dank der perfiden
Künste Bulus, die ihn aufs Lager brachten
und dies Leibesfeuer ihm entfachten.
Der Gruß an Bulu blieb lang aus.
Besinnung auf den Hühnerschmaus
belebt aufs Neu das große Spein.
Bulu aß fortan allein.

33

Bulu lebt sich ins Gemüt
der alten Frau.
Diese meint,
dass Leid ihn fest umschließt.
Kost ihn zart und inniglich,
legt ihm Herzensschatz
zu seinen Füßen.
Und verstopft ihm seinen Mund
mit Köstlichkeit,
damit nicht neues Leid entfließe.
Bulu nimmt es auf,
nicht dankbar, nein, nur weil es da.
Lässt sich begießen,
auf dass er neu erblühe, lache
und dann welke.
Und aufs Neu erwache, blühe, lache
und verwelke.
Und aufs Neu…

34

Kontrabass, Fagott und Mandoline,
Cello, Schlagzeug, Violine,
Oboe d'amore, Tuba, Gamba,
wie spielt Bulu sie! Carramba!
Tritt auch manche Kirchenorgel
für was schütten in die Gorgel.
Klavier, Posaune, Saxofon,
spielt göttlich Bulu – a ist Kammerton.
Horn, Trompete, Klarinette
spielt er sanft für eine fette
Gans und mit Flöte und Celest
spielt er laut auf lautem Fest.
Doch, wenn muss, auch zart in der Rubrik
Traum-, Gesäusel-, Kammermusik.
All das liebliche Orchestrium
Bulu bläst und streicht und klopft
schrum und didldum.
Oft ein Ton wird falsch geboren,
nicht gedacht für Mozarts Ohren.
Doch wozu Pedanterie?
Pedanten ab zur Philharmonie!
Üben, Streben ist leerer Wahn,
nur dem Eitlen zugetan,
Sache der Musensklaven, ehrgeizzerfressen
die Musik an saubren Tönen messen.
Herz allein ist Bulu wichtig.
Wer will da die Töne richtig?
Ist ein reiner Ton was wert?
Pah, Tausende schon davon gehört.

Nein, er ist kein Virtuose,
er verachtet dumme Pose,
die der Hohlheit äußres Merkmal
und im Innern nur ein Rinnsal,
das, hysterisch angeschwärmt,
geil an Instrumenten lärmt.
Urschaffen, die Gunst im Augenblick
ist des wahren Musikanten Glück.
Das Spiel ins Uferlose offner Seelen,
die keine Notenköpfe zählen.
Des Stümpers eingebläute Perfektion
ist Bulu Zwang, nicht Künstlerlohn.
Göttliche Kunst ist Improvisation,
der geheiligten Stunde Inspiration,
nicht das Kleben an den Noten,
die auf Blättern gleich den Toten
ein langes, stummes Dasein führen
und nicht die Fantasie berühren,
da schon tausendmal erweckt,
geklopft, gestrichen und geblökt,
von aller Welt zu Tod geschleift,
bis auch der Blödeste begreift.
Und dann vom Blödesten gepfiffen,
bis letzte Schaffensreste abgeschliffen.
Improvisation ist nicht der Eitlen Prahlen,
ist kurzer Rausch, ist kurzes Strahlen,
das, kaum geboren, wieder stirbt,
und nicht um Virtuosen wirbt,
die es jahrzehntelang veröden,
bis selbst Geduldigste verblöden.

Wenn Bulu nicht auf alten Noten reitet,
so ist auch Faulheit mit im Spiel,
denn, wenn er es auch sanft bestreitet,
vom Notenlesen hält er viel.
Doch ist ihm nie vergönnt gewesen,
je eine Note selbst zu lesen,
denn die penible Notenleserei
schien ihm die pure Hexerei,
weshalb er es für Frevel hielt,
wenn man nach Zaubereien spielt.
Da fröhlich Arbeit ihm kein Segen,
ist er um Hexen nie verlegen.
Nur zweifelt nicht an Bulus Genius,
sonst macht Bulu mit dem Musizieren Schluss,
denn er trennt sich gern von Tätigkeiten,
die leicht zeigen der Arbeit Seiten.

35

Bulu geht zum Wirt in Beize:
Hab ich Hunger.
Gib mir Pump
und was zu essen.
Rind mit Zwiebel wäre recht.
Bulu, hab ich keine lange Kreide,
doch für etwas Arbeit, Bulu,
stehen Pfennige und Würste
und ein Fäßlein Bier.
Wirtchen weiß, mit Wörtchen Arbeit
hat man Bulu schnell vergrämt.
Aus seiner Gunst entlässt
Bulu solch ein Haus.
Wenn sein muss geht
durch Schornstein raus.

36

Bulu liegt im Bettgepfühl:
Ach wie ich schon fühl
meine alten Knochen brechen.
Das kommt nur vom vielen Zechen.
Bulu zecht fortan nicht mehr,
liegt nur im Gepfühl ganz schwer.
Doch die Sünden seiner Jugend
helfen nicht bei Übung neuer Tugend.
Bulus Knochen brechen weiter,
aus der Haut spritzt scheußlich Eiter
und der Appetit ist weg.
Bulu ist total im Eck.

Einmal noch lass saufen, Gevatter,
bevor ich in den Himmel flatter.
Er nimmt einen tiefen Schluck
und noch einen, gluck ho ruck!
Fühlt darauf die Knochen steifen,
kann La Paloma auf zwei Fingern pfeifen,
springt heraus aus dem Gepfühl,
nimmt die Hosen vom Gestühl
und geht vollends in die Welt,
die darob in Ohnmacht fällt.
Worauf er jetzt gewaltig zecht.
Speziell wenn anderer die Zeche blecht.

Bulus Mitte

Bulus Leben ist auf
höchster Stufe seiner Leiter.
Bulu gähnt sich eins gelassen
und geht ins große Undsoweiter.

38

Bulu rauscht mit Weib und mit Getös.
Gestörter Apostel der Sitte wird bös.
Und verkündet des langen und des breiten
und des maßlos gescheiten
seine lähmend faden
penetranten Moraltiraden.
Bulu fühlt sich unangenehm berührt,
wenn man solche Reden führt:
Deine Reden sind mir Abführmittel.
Ich kann noch werken unterm Kittel.
Du Apostel mit deinem kahlen Schädel
wünscht dir auch ein feiles Mädel,
denn dein heimatliches Futteral
bringt durch Trockenheit nur Qual.
Doch willst du mit Plattfuß den Olymp besteigen?
Mit schlaffem Bogen auf heißer Fiedel geigen?
Wenn ich so lendenschwach wie du
wend ich mich auch der Predigt zu
und lausche mit Bedacht der Rede,
und sei sie noch so blöde,
die jeden, der Wein, das Fest und Weib genießt,
mit Höllenschreien übergießt.
Das Schwein scheren nicht Moralgesänge,
es bleibt in seiner Schweinemenge.
Und Gott liebt mehr den offnen Sünder
denn der Moral zu offen Künder,
der immer hinterrücks versteckt,
womit er gegen den Stachel löckt.
Die Natur geht nach Gesetzen,

die bewahren, nicht verletzen.
Verletzt wird nur, wer Leben nicht liebt,
nicht nimmt, was solch ein Leben gibt.
Nur auf die große Meute hört,
wer Leben nicht zu leben weiß, es nur zerstört.
Nein nein lass mich die Zeiten feiern,
du kannst Moraltiraden leiern
und deinem miesen Weib erzählen,
wie dich Moralverfall muss quälen.
Wenn mich der Zahn der Zeit beknabbert
und meine Hängebacke schwabbert,
werd ich mich auch verkrümeln
und mich zum Tugendbold verstümmeln.

Der Unflat in Bulus ehrlichem Wort
treibt unsern Bold vom Fenster fort.
Es könnte seiner frumben Seele schaden,
ihr reine Wahrheit aufzuladen.
Drum schlägt er schnell sein Fenster zu.
Bulu und Weib haben endlich Ruh.

39

Beruhigt euch nur!
Ich bin kein Schwein.
Ich kenne euer Wollen
und euren Krampf,
es zu verbergen.
Ich bin noch meines Wortes Herr.
Ihr niemandes.
Nein, euer bin ich nicht,
denn euer Geist ist mein,
da meiner frei.
Ihr stecht mit Feinheiten ins Ohr,
mir tuts das Grobe auch,
denn meine Grobheit hat noch Würde,
doch eure Feinheit ist nicht fein.
Ich nehme mir die Freiheit
frei zu reden.
Ihr fühlt euch heldisch,
wenn ihr frei nur denkt.
Und tragt das Maul
als Teil des trägen Herzens.
Mit eurem dem Wahren verschlossnen Ohr,
das wie der Lügner Lüge hört,
lebt ihr der stillen Feigheit
rege Leblosigkeit, die ihr
die Ordnung nennt.
Und glaubt euch Helfer einer Welt.
Ja, Helfer seid ihr, Helfer
einer Welt, die Welt

zum Schinder macht, und
schindet mit, dass das Erbarmen
Gottes seine Pflicht einst wird.

40

Hop hopp
mein liebstes Schnappilein,
wann darf ich endlich bei dir sein.
Dein Mund so voll.
Dein Haar in moll.
Am Abend spielen wir Ringelreihn.

Hopp, hopp
mein süßes Vogelnest,
ich steche dich heut noch ganz fest.
Dein Busen oben.
Die Hos verschoben.
Versteck doch nicht vor mir den Rest.

Hopp hopp
mein kleines Schneckenhaus,
ich gehe bei dir ein und aus.
Dein Po so drall.
Die Waden prall.
Ich fühle mich bei dir zuhaus.

Hopp hopp
mein zartes Stachelschwein,
wir wollen heute munter sein.
Die Nacht ist kurz.
Der Tag ists auch.
Drum bleib ich gleich auf deinem Bauch.

Nun ists geschehn.
Wozu wars gut?
Bein Bauch voll Kind.
Die Mutter spinnt.
Der Vater schreit.
Nur ich bin weit.

41

Die Türen auf!
Die Türen auf!
Gut Freund!
Gut Freund!
Ein Schluchzen und ein Heulen!
Ein Saufen und ein Schmausen!
Ein Huren und ein Dröhnen!
Ein Feiern schlicht bis in den Morgen!
Die Türen zu!
Die Türen zu!
Gut Freund bleibt hier!
Gut Freund darf nicht mehr fort!

42

Bulu kauft sich Lamm
und das sehr billig.
Lamm ist brav,
geht mit sehr willig.
Baut ihm Stall, macht es groß
mit viel Milch und Zuckersoß.
Lamm wird größer, lang und breit,
macht Krawall, nimmt Bulu Schlaf.
Lamm wird Schaf.
Bulu sich schon lange freut
auf die Milch und auf die Wolle
wegen Trunk und Decken schafwollvolle.
Bulu Schafes Fell begehrt,
Schaf sich gegen Nacktheit wehrt,
wird sehr wild, schlägt um sich
und schreit bäh ganz fürchterlich.
Bulu sagt: Keine Wolle, gut, dann gib
Milch, und schleicht sich an wie Dieb.
Doch, sieh da, Schaf hält still,
tut, was Bulu gerne will.
Bulu schaut und greift und sucht,
findet Falsches, schreit: Verflucht,
ist nicht Frau von Schaf, nur Mann,
was sonst nichts, nur stinken kann.
Gibt auch keine Milch, oje,
schreit nur viel und stark bäh bäh.

Bulu bringt zurück den Schaf.
Mann sagt: Bulu, du bist brav,

bringst zurück mein liebes Tier,
großgezogen: ich gebe dir
ein paar Rubelen dafür, oder willst
du lieber ein ganz kleines Lamm?
Wenn es groß, hat Euter volle,
gibt dir Milch und dazu Wolle.
Bulu: Lamm nicht gut, o nein o weh,
keine Wolle, keine Milch,
schreit nur viel und stark bäh bäh.
Gib mir lieber etwas Rubel,
trink ich dann mit viel Gejubel.
Bulu kauft nie mehr ein Schaf,
ihm ist lieber ruhiger Schlaf.

43

Signor Emanuele Pizzicato
kauft zwei Kisten voll Tomato,
doch weil Tomato schon sehr faulig,
Emanuele ist sehr traurug.
Emanuele kommt zu Bulu,
was Tomati ihm verkauft:
Du groß porco,
gibst Tomati was schon lauft.
Bulu spricht: Emanuele,
du noch nix verstehn.
Tomati gut wenn laufen,
nix wenn stehn.
Aus die hart Tomati
du nur machen gut Salati,
mit weich Tomati
kannst du zaubern wie Meisterkoch Polati.

Emanuele geht in sein Castiglia,
nimmt zehn Kisten sich noch mit,
füllt Tomati in Bottiglia,
schön und rot und mit viel Sprit.

Emanuele kommt zu Bulu:
Gib mir all Tomati, doch nur faule,
die was stinken.
Sind nix gut zum Essen,
doch viel gut zum Trinken.
Bulu kommt zu Pizzicato,
was ihm Vino hat verkauft:
Du groß Porco, machst aus Tomati

faulen Vino statt Salati.
Diese Vino für die Darm nix bene,
geben viel Laut mit starke Töne.
Pizzicato spricht nur leise:
Mit weich Tomati
kannst du zaubern wie Meisterkoch Polati.
Deine Darm, nix mehr behendo,
arbeiten nun mit viel crescendo.

Emanuele pflanzt nun selbst Tomati,
pflanzt Tomati Feld für Feld,
macht viel Wein und damit Geld.
Tot ist niemand noch bis dato.

44

Lottchen gründete mit ihrer Brust
einen großen Säuglings-Trust,
um reich geborenen Infanten
ihre Leibesmilch hoch zu verganten.
Ließ von Vätern sich auch mal begatten,
um die Firma auszustatten.
Bulu lebte mit bei diesem Trust.
Ließ hoch leben des Weibes Brust,
solang sie hoch in Fülle
und nicht nur luxuriöse Hülle
für etwas, das nicht drinnen steckt
und nur die niedre Geilheit weckt.
Bulu sorgt sich um Kunden,
die er meist sehr schnell gefunden,
da es in feinen Kreisen üblich,
dass Säugen für das Weib betrüblich.
Vornehm lebt man gegen Natur,
daher der Schritt zur blöden Kreatur,
die zwar die feinsten Sitten hat,
doch ein Hirn schmal wie ein Sägeblatt.
Lottchen stopfte eine Lücke.
Zum eignen und zu Bulus Glücke.
Denn Kunden fanden sich genug,
die Lottchen leerten Zug um Zug.
Damen legten Brüste und Hände in den Schoß.
Lottchen und Bulu lebten ganz famos drauflos.

Bulu, schon verwöhnt, verdarb fast die Geschäfte,
als er sah, dass keine Lebenssäfte

in einem dieser Kinder kreisten:
Lottchen, gib nicht Milch,
schau dir an den miesen Zeuger.
Ein Rindvieh, ein Arschloch,
ein Rückenbeuger.
Das arme Wurm stammt von dem Leisten.
Lottchen, pfeif auf dieses Geld,
erspar dem Knaben seine Zukunft,
sein Vater ist schon arg für diese Welt,
vermehre nicht die Trottelzunft.

Lottchen pfiff auf Bulus Rat.
Sprach sich schnell von Bulu los.
Zieht Vife wie auch Deppen groß.
Bulu hat wieder schmal Etat.

45

Lottchen war ein frommes Kind.
Das frommste Kind in der Gemeinde.
Nur: dass Kinder fromm noch sind
und Erwachsene der Frommheit Feinde.

Lottchen wurde ein süß Kegel,
ihre Beinchen lang und schlank.
Das Wasser fiel von hohem Pegel.
In Sünde sie nie sank.

Das fiel einem Herrchen auf,
der hatte genug des frommen Geredes.
Er legte sich auf Lottchen drauf
und wurde primus inter pedes.

Lottchen liebt dann manch schön Herrchen,
stieg mit diesen in das Bett.
Und sie fand daran Gefallen.
War dann noch zu vielen nett.

Lottchen dachte sich: Wozu
all dies nur aus Appetit?
Wenn die Männer Böcke sind,
sollen sie zahlen für ihren Ritt.

Und so ging es auf den Strich
mit der Beine Spann,
der die Armut heilen kann.
Und so mancher löste sich.

Wenn die Kundschaft Wollust packt,
zeigt Lottchen gern ihr Ärschlein nackt.
Doch nicht billig, für viel Stein.
Soll es zahlen das geile Schwein.

Lottchen melkt nun schön Galane,
zieht sie aus. Auf ihrer Fahne
steht geschrieben die Devise:
Geld, nur Geld für Fahren auf der Wiese.

An den Fingern trägt sie Steinchen,
denn der Treffpunkt ihrer Beinchen
ist zum Gebrauch für jedermann,
der etwas will, der zahlen kann.

Der Reichtum wuchs, der Umsatz stieg.
Doch wie sich zeigte,
war es zu viel, das stete Lieg-
en. Der Unterleib er streikte.

Lottchen, müde und stark ausgefeilt,
gründete, wie ihr wisst, mit ihrer Brust
und mit Bulu einen Trust.
Nach drei Jahren war sie geheilt.

Lottchen zeigt wieder Beinchen,
lässt das Höschen fallen.
Ist das liebe alte Schweinchen,
lässt Stiefel übers Pflaster knallen.

Lottchen wird auch alt und schäbig,
dick und runzlig und behäbig

und die Trockenheit kommt über sie.
Schwerer Busen hängt am Knie.
Dann wird Lottchen wieder fromm
wie ein süßes reines Lomm.

46

Bulu geht zum Fest
Vor sechshundert Jahren große Pest.
Feiert mit die Treibung aus derselben,
gedenkt der Männer, die der gelben
und schwarzen Geißel Herre wurden
und sich von ihr nicht ließen murden.
Gedenkt stets Helden dieser,
trinkt viel Glas voll Schnäpse mieser,
geht fürbass mit Heldenfahne,
dass er vor der Krankheit mahne:
Nur die Säufer haben überlebt
Pest und Cholera, der Säufer steht.
Sagts und singt ein garstig Lied,
rollt die Augen und verschied.
Tagweis Bulu rollt die Augen auf,
Körper da, Kopf ist drauf,
macht kurz Wasch, geht zum Wirt,
der für miesen Schnaps ihn abgestiert:
Dein Dreck hat mir das Fest verdorben,
wär ich fast darauf gestorben.
Fasst sich Wirt, haut ihn blöd,
nimmt sich Pulle Schnaps vom besten
und geht, stumm bewundert von den Gästen.
Bläst das Pest-Lied auf der Flöt.

47

Der Tod
der Mummenschanz im Leben des Ernsten,
der Ernst im Leben des Narren,
der ungelöste Knoten im Leben des Zweifels,
der Sieg im Leben der Gleichmut
befiehlt Gesichter freizulegen
und einmal nur Wahrhaftes zu versuchen.
Zu wenig für die lebenslange Lüge.
Zu viel für eine Lüge, die nicht unser.

Nimm auf das Los der Lose.
Drück dich nicht so herum
und nimm die Kurve voll.
Einmal noch dreh dich,
du konntest es so gut,
und zeig dem Tod den nackten Hintern.
Gönn ihm nicht den Triumph
des aufgerissenen Gesichts.
Gesichter braucht er nicht zu sehn
und du hast ohnedies mehr keins.
Der Arsch ist immer stattlich anzusehn.
Vielleicht ist er auch dein Gesicht.
An Stattlichkeit den Falten deines Haupts
weit überlegen, die nicht das Leben grub,
nur müde Zeit, die Leben dir gewährte.

Du warst so wild im Leben.
Nun fürchte nicht Sekunden.
Du warst so groß im Leben.

Nun feilsche nicht.
Du warst so würdig.
Feilsche nicht.
War deine Würde denn nicht echt?
War deine Stärke nur die Furcht,
die Stärke unterkriegt?
Beschäm dich nicht vor Torschluss noch.
Dein ganzes Leben wird beschämt.
Schließ deine Türe ruhig.
Du hast zuletzt die Tat gesetzt,
die dir das Leben verwehrte.
Und tilgst dein mieses Dasein jetzt. Jetzt.

Dein Dasein, aufgezogen
am eignen Hals,
und erstmals nicht am fremden,
wo du es immer aufgehängt.
Am Kopf sitzt dir der Vogel Greif
und hackt dir deine Nase ab,
mit der du Schnüffelhund begabt einst warst.
Betäubt vom süßlichen Geruch
stirbt er auch.

48

Bulu an sein Kindlein

Gott lasse dir den Kinderglauben
und gebe dir nicht reifen Glauben.
Die Reife bringt auch Zweifel
und keusche Reife gibt Gott nicht.
Er schenkt sie nur dem halben Mann.
Um diesen Preis erstreb sie nicht.
Bleib ein Geschöpf aus tiefem Atem.
Von Gott gesandt.
Von Gott zerstört.
Schließ dich nicht Krämern an,
die Geld an Welten Stelle lieben.
Respekt, er sei dir Sinn.
Doch kusche nicht:
ein Präsident ist auch nur irgendwer.
Erhebe den, der wenig scheint –
die Mitte ist die Seele –
und drücke den, der viel sich dünkt.
Denn jeder, der sich wenig weiß,
ist viel,
und jedem, der sich selbst erhöht,
misstrau.
Geize mit Ehrgeiz,
auch wenn man dir sagen will,
dass es gesunden Ehrgeiz gibt.
Der Kranke hofft und meint
immer sich gesund.
Lass Ehrgeiz und nimm dir

die Ehre des Denkens.
Der Erfolg der äußeren Ehren
wird dann klein.
Das ruhige, gemessene Leben mit
Freunden, Trunk, Gedanken,
gesäuert mit dem Geist der Freude und
der Schwermut,
ist mehr als Lautes, Offnes,
entlebt durch Schalheit stummer Seelen.
Wehre dich und schrei nicht.
Wer schreit, findet
in der Stunde Ohr.
Doch macht er es für später taub,
wenn Wahres spricht.
Der goldene Mittelweg
(du wirst oft hören davon)
ist der Weg der Feigheit und
des lahmen Geistes,
gepriesen nur,
das Leben nicht leben zu müssen.
Doch lerne, schwer zu leben.
(Das Schwerste kommt doch aus dir selbst)
Der Stolz des Verstandes führt
zu den Menschen.
Die Regel des Tages zur Lüge.
Die Gelassenheit des Ewigen zur Wahrheit.
Den Weg magst du dir selbst erwählen.
Doch bleibe lange an der Kreuzung
und schweige inmitten
gesichtsloser Geschwätzigkeit.
Wenns dir gefällt,
so lebe in der Menge ganz allein.

Sie wird wohl kläffen;
sie klefft nur, weil ihr Zähne fehlen.
Das Beißen hat sie nie gekonnt.
Schau offen.
Das Geklüngel hoffens- und leidensfroher
Lebensdilettanten missachte. Sie hoffen und
sie leiden nicht, weil nichts da,
nur, weil sie es nicht sehn.
Die Thesen der Menschen betrachte mit Vorbehalt.
Seit Anfang ist kein neuer Mensch gewachsen.

Denke stets, dass ich zu dir nur spreche,
da ich ein Mensch der Fehler war:
Geübt im Kleinen, ohnmächtig im Großen –
und Jahr um Jahr bemaß, Fragmente
eines Grunds zu bauen.

49

Bulu, unser altes Haus,
schleicht sich ein bei Todor.
Streckt ihm seine Alte heiß,
bis voll Glut ihr Steiß.
Legt sie in ein Bad zur Spülung
und zu dringender Abkühlung.
Steift die starken Glieder
und sagt sich: Nie wieder
nehm ich eines Freundes Frau.
Das ist ohne jeden Reiz.
Bulu geht in seine Beiz.
Trifft dort Todor den Ganoven,
der sich freut: Bulu, gehen wir schwofen.
War ich eben bei schönem Mädchen,
seh ich, dreht sich noch mein Rädchen.
Aber sag ich nichts meinem Weib,
Bulu, Freund, komm bleib
auf zehn elf Gläschen noch bei mir.
Zahl ich dir als Schweigegeld dafür.
Nein, sagt Bulu, was das heute für ein Tag is,
Weib und Trinken, alles gratis.

50

Vergiss, Verdammter,
dein Geschlecht.
Und schlag die Stricke durch,
die dich, Verdammten,
an Verdammte binden.
Verdammnis ist allein
noch leicht zu tragen;
doch Menge macht sie weich.
Sie sieht in ihren festen Stricken
das Bindeglied zur Helligkeit,
auch wenn sie Häute nicht mehr spürt,
in die die Stricke schneiden.
Sie nimmt Verdammnis als gewollt
und gießt sich Lust darüber.
Sie schreit: Die Welt ist nicht mehr fern
und hängt an ihren Stricken.
Sie lacht der einzig Lebenden
noch in Betäubung
und reißt sich Mitleid aus der Brust
für den, der freie Häute trägt.
Vergiss, Verdammter,
dein Geschlecht.

51

Die Sicht verstellt von kleiner Karriere,
die Klappe vor dem Ohr.
Und schöne Weisen für das Volk
und seine Führer.
Und wenn die Taschen brechen –
zwei mal zwei bleibt vier.

Keiner drängt zur Barriere,
die Klappe vor dem Aug.
Und schöne Weisen für das Volk
und seine Führer.
Und wenn die Taschen brechen –
zwei mal zwei bleibt vier.

Stopft nur.
Ihr seid dann einmal reich gewesen.
Einmal.
Doch gebt es schön zurück.
Den letzten Weg geht ihr im Hemd.
Im Hemd des kleinen Toten,
dem Plüsch nicht helfen kann.
Zwei mal zwei ist vier.

52

Bulus besoffener Rat

Geh baden mit Geschwister Papp.
Zieh ihnen ihre Hosen ab.
Geh stehlen mit Freund Krübe.
Wenn Coup gelungen,
hau ihm eins auf Rübe.
Geh brechen ein mit Zampe.
Nutz aus ein jeden Schlampe.
Geh saufen raufen strichliniert.
Wenn Witwe sich mit dir liiert,
so nimm ihm aus ganz froh.
Dann tritt ihm sanft in den Popo.
Und ducke nicht vor jede Mann,
was hat schön Uniforme an.
Lass sausen Leben mit Gebraus.
Am Ende ist für alle aus.
Drum zieh auch in Kalkul
ein Loch in Kopf von scharf Pistul.

53

Bulus nüchterner Rat

Lass dich nicht bescheißen,
nicht zu den Lumpen schmeißen,
die, groß oder klein, ein Nest dir bauen
und sein Dach dir auf den Schädel hauen.
Lass dir die Ruhe und das Denken.
Den Weisen aber lass das Lenken.
Doch zweifle an der Weisheit deiner Lenker,
zu oft schon war der Obertan nur Henker
und seine Untertanen kusch und leise,
weil sie den Oberhammel früh bekrochen:
Du bist weise.
Bei Licht besehen: Ein kleiner Wurm,
eingelocht in seiner Würde Turm.
Durchaus kein ungezähmtes Rasen, ein
Lachen nur hat husch ihn weggeblasen.

Iss und trink nach Herzenslust,
wenn du auch dann kotzen musst.
Kotzen ist leicht zu ertragen.
Es leert so schön den vollen Magen.
Er ist dann wieder frei für jeden Fraß
und nicht halbleer, halbvoll von Regelmaß.
Dem Regelmaß gib einen Tritt.
Es führt dich nur zur Mitte.
Misstrau dem Kitt.
Der Kitt kommt von der Seite,
an der die Leute

sitzen, die dich mit Binsen lang belehren
und nur dein Glück beschwören
wollen. Wie sie sagen.
Ja schlafe nur. In hundert Tagen,
wenn du erwacht und klar
die Sinne stehn, dann fahr
mit ihren Binsen ab.
Es ist noch nicht zu spät.
Such dir den eignen Trab.
Und pfeife auf die Meute.
Wenn das noch geht.

54

Die Umwelt mag mich nicht.
Doch nur mit Maß.
Ihr Unmaß ist auch nur Maß.
Sie lebt dem Maß noch im Maßlosen.
Ihr Tiefstes ist die Haut.
Daher der Mittelstand des Kopfes,
der lau nur liebt
und kühl nur hasst.
Es ist der Zorn des Blassen.
Ich habe nichts zu fürchten!
Soll ich die krummen Hunde fürchten
kriechanfällig und voll Krätze,
die ihre Umstände sich loben
von Lebensgeiz so vollgesoffen,
dass sie aus abgestandnen Kammern brechen
und ihre Löcher zehnmal flicken?
Ich habe nichts zu fürchten!

55

Entlassen aus der Hand des Gottes.
Gelobt in Bettlers Sack.
Den Staub auf roten Haaren.
Und Schimmel auf dem Galgen,
des Holz vielleicht noch gut
zu stützen eine enge Hütte,
die du nicht sahst.

Wie hängst du ruhig und fromm.
Und bist so schuldig.
Ich helfe dir.
Ich schneide deine Hosen ab,
auf dass sie nicht so eng.
Sonst tu ich nichts für dich.
Doch du hast selbst das nicht getan.

56

Zu leben
es ist die Selbstansteckung
mit den Lebensresten,
die jedem inne,
doch zu holen
dem Einzelnen nur gegönnt.

Des festen Geistes Wandel
ist das Neue.
Des müden Geistes Wandel
ist das Zähneblecken
für das unverstandne Neue,
das roh im Menschen liegt
und seine Freiheit nicht ersehnt.
Es ist das Liegen eines Blocks,
des wesenhafte Kraft nur hemmt.
Die Kraft, erweckt, zeigt Festem
neuen Weg.
Die schlaffen Mäuler klaffen nur.
Und schlagen metaphysisch
ihre Zähne ein mit
penetrantem Staunen.

57

Das Geseires trockener Weiber,
sie schenken Gebete und Flüche
mit spröden Lippen.
Getrauer und feierlicher Sang
asthmatischer Chöre.
Sie schlagen uns den Tod auf,
getragen von ödem Erinnern.
Kein Tropfen Blut.

Oft wünsche ich den Toten
den Jahrmarkt und das Fest.
Und auch ein derbes Lied.

58

Ohnmächtig wehren die Sinne den Schlaf
und schlafen dem Wandel entgegen,
der uns im Schlafe formt.
Hilflos erwachen wir und stehen
in fremder Welt, die uns
zu Schlaf und neuem Wandel zwingt.

Erkenntnis ist stets eine Welt zu spät
und kennt nur längst vergangne Tage,
die sie die Gegenwart nennt.
Es brennt der Nagel auf der Haut,
die gestern schon gehäutet.
Erkenntnis ist der lange stumme Weg.
Verstand das langsamste Gefährt.

59

Du rosenmündiges Kleinod du
öffne deine trauten Lippen,
lächle mit deinem holden Mund mir zu,
gelb der Zahn von vielen Kippen.
Gib einen zarten Laut von dir,
lass schmelzen deine güldne Kehle.
Träufle deine Honigstimme
in mein verzaubert Ohr
und deine Stimme schwele
wie der Engel Chor.
Lass klingen dein Organ
mit aller Süße Macht
und hol mich von der Erde
in deinen Himmel sacht.
Doch mach dein Maul nun wieder zu,
denn aus dem Maule stinkest du.

60

Der Beutel voll.
Das Herz voll Dreck.
Etwas Rum gegen Langeweile.
Und im Kopf die Stute.

Etwas Segen von uns selbst.
Eine enge schwüle Kammer
gibt sich hier als Menschlein aus.
Doch wir sinds zufrieden.

61

Bulu lebt sanft in den Tag,
da Tag dem Leben nur gemacht.
Sinnt nicht Tages grobem Sinn,
der Arbeit heißt.
Lässt der Muße stark ihr Recht.
(Der Schrecken eines ungetanen
Tages ist ihm fremd)
Nimmt die Muße als des Tages Sinn.
Der Sinn ist da, die
andern glaubens nicht.
Die Dummheit glaubt sich immer mehr:
Wichtig ist das Tagewerk!
Verachtung allen, die es nicht tun!
Bulu schweigt dazu und lässt
der Muße stark ihr Recht.

62

Bulu will mit Maid zum Tanz.
Opa sagt: Bulu, um sechs Uhr
bringst du mir die Maid retour.
Bulu schnappt sich Großpapa,
schenkt ihm vierzehn Flaschen Wein,
flößt ihm starke Schnäpslein ein.
Großpapa liegt unterm Tisch, kotzt sich aus,
Bulu nimmt sich Maid, geht aus Haus.

Bulu geht mit Maid aus Haus,
geht zum Tanz, trinkt auch was,
Stimmung steigt Glas für Glas.
Bulu geht mit Maid nun über
zu dem Spielchen, wo schön Maid
ist einmal unten, einmal drüber.
Maid ist fleißig, hilft schön mit,
zwei vielleicht schon bald zu dritt.

Pünktlich um sechs Uhr
bringt Bulu schöne Maid retour.
Nur sechs Uhr am andern Tag,
Opa unterm Tisch noch lag.
Opa Opa, hier, sechs Uhr,
bring ich deine Maid retour.
Opa grunzt: Bulu, bist ein Ehrenknabe,
Charakter ist doch Gottesgabe.

Wein ist weg, Schnaps ist weg,
Opa sieht bald Schnäpsleinzweck.

Geht zu Bulu, diesem Schwein:
Bulu, du bist falscher Hund,
wo ist Schnaps, wo ist Wein?
Bauch ist da, voll und rund.
Hast mein Maid total beschädigt,
ist für später sehr erledigt.
Bulu sanft: Charakter, das ist Gottesgabe,
doch Wohltun meine einzge Habe.

63

Und wenn ich bin draußen,
so bringst du Barsenn einen Gruß.
Denn ich darf nicht hin.
Ich hab sein Weib ihm gepufft.
Ich haute ihm was
über den Schädel
und das hat mich hierher gebracht.
Und dann wäre ich wieder hier.

Und wenn ich bin draußen,
so bringst du dem Chef einen Gruß.
Denn ich darf nicht hin.
Ich habe die Kassa gestürzt.
Ich musste was beißen
und wusste nicht was,
und das hat mich hierher gebracht.
Und dann wäre ich wieder hier.

Und wenn ich bin draußen,
so bringst du dem Zapf einen Gruß.
Den Zapf hast du einst geliebt.
Denn ich darf nicht hin.
Ich hab ihm den Bauch aufgeritzt.
Ich mochte ihn nicht,
und das hat mich hierher gebracht.
Und dann wäre ich wieder hier.

Doch wenn ich bin draußen,
so tu ich nichts mehr.

Ich pflanz mir ein Gärtlein
mit Blumen, mit Kohl
und mit Rüben.
Ich züchte mir Fischlein
und Krähen
und viel Meerschwein.
Und leb vor mich hin
mit Sonne, mit Licht
und dir Luder.
Und grüß alle selbst.

64

Gehe mein Kind
zum Pfarrer geschwind
und hol mir die Leier.
Und wenn du die Leier dann hast,
komm zu mir in den Knast.
Und wenn ich die Leier dann hab,
spiel ich kein Lied mir
von Blumen, Strohsack und Seife.
Und auch keinen Walzer.
Ich spiel mir ein Liedlein
ein zartes
vom Saufen, vom Raufen, vom Puff
und von noch was.
Denn Blumen und Strohsack und Seife
die habe ich hier,
aber kein Weib, kein Messer, nicht Sprit.

Gehe mein Kind
zum Branntweiner geschwind
und hol mir ein Fläschelein Rum.
Und wenn du das Fläschchen dann hast,
komm zu mir in den Knast.
Und wenn ich den Rum dann habe,
trink ich ihn in Schlücklein
in kleinen
und jeder Schluck wird ein Bild
ein Bildlein ein kleines
von dir und von mir
und von noch was.

Und wenn ich genug dann geträumt hab,
sauf ich den Rest dann in einem
und lass meinen Dampf ab.
Und denk an nichts mehr.

Gehe mein Kind
zur Tabakbude geschwind
und hol mir ein Päckchen vom Gröbsten.
Und wenn du den Gröbsten dann hast,
komm zu mir in den Knast.
Und wenn ich den Groben dann hab,
dreh ich in Papier ihn
in starkes
und paffe mir Ringlein
und paffe mir Wolken,
auf denen flieg ich zu dir.
Die Ringlein steck ich an den Finger,
die Wolken schenke ich dir.
Doch nein
ich lass sie verrauchen.
Die brauchen wir dann nicht mehr.

Doch lass es.
Geh nirgends mehr hin.
Wart nur bis ich
draußen hier bin.
Dann kauf ich die Leier,
Tabak und viel Rum.
Und schau mich selbst
wieder um.

65

Bulus Moritat auf einen Freund

Feig ermordet man ihn meuchlings
als er lag im Bade bäuchlings
mit einem Messer spitz.
Drei Klafter oberhalb vom Sitz.
Das ist gewest ein Mann ein böser,
der diese Tat vollbracht an Johann Löser.
Denn Johann Löser war sehr edel,
nie schlug er ein jemandes Schädel.

Nun lag er da auf seiner Kugel
und ließ noch einmal Wasser ab.
Dann starb er auf dem Wiesenmugel.
Des Lebens Ader war sehr knapp –
Ein Mann von echtem Schrott und Korn.
Nur gegen Mörder nicht geborn.
Doch sein Geist umschwebt den Mörder,
jetzt und alle Zeit und förder.

Der Mörder aber schlich von dannen,
ihm über Wangen Tränen rannen.
Er hat den Falschen hier erwischt,
das Messer in den Bruder zischt.
Die Freunde trugen Johann fort,
in Linnen eingetan
und sprachen dabei kein Wort.
Nur die Rache sie sahn.

Und die Rächer schliefen nicht.
Sie fingen sich den argen Wicht.
Es waren Männer stark und rauh,
die stachen ihn wie eine Sau.
Nun lag er da auf seiner Kugel
und starb auf selbem Wiesenmugel,
der seine frevle Tat gesehn.
Die Sühne aber ist geschehn.

Denn wenn es auch der Falsche war,
die Welt muss sein der Mörder bar.
Man sticht nicht mit dem Messer rum!
Merks, hochverehrtes Publikum!

66

Des Frauchens Arbeit war vergeblich.
So sehr sie sich auch mühte
und jede Plage nahm auf sich:
Bulus Manneskraft nicht mehr erblühte.

Sein weises Alter,
noch einmal auf das Ross geschwungen,
hat ihm die holden Früchte abgerungen.
Du bist nicht mehr der junge Falter.

Es war der Versuch des
Mannes mit der hohen Stirn.
Lass es, nimm ein Buch
und schule dein Gehirn.

Es ist das eine,
das noch funktioniert.
Körper samt Anhang ruiniert.
Drum zieh bei Mädchen Leine.

Bulu fügt sich, lacht dazu nur knapp.
Und begnügt sich in der Zukunft
mit Erinnerung an seine Frühbrunft.
Schließt sein Hosentürchen ab.

Kraft des überlegnen Geistes
nimmt er Alter hin. Weil er meistes
schon durchlebt,
Bulu nicht am Körper klebt.

Manch Schwächling, von Versagen entsetzt,
hat sich ins Jenseits abgesetzt.
Bulu setzt nicht, sucht sich Nues
und frohlockt, dass er gefeit nun gegen Lues.

67

Bulu lebt das lange Leben
des Mannes.
Des Mannes, der verschweigt
des Lebens Last.
Lebt als Tat des Mannes
ein königliches Bettelleben.

Bulu glaubt an das Leben
und an sich. Liebte,
trat nie daneben.
Still will er sterben.
Wie jemand,
der im Leben sang.

68

Das Wagen des freien Geistes,
das Ungestüm des ungebremsten Rasens,
das Wollen eines großen Willens,
den Aufbruch des Gedankens
gebt ihr der Lauheit
einer pensionierten Seele,
die satt der Blindheit sich gesellt.
Das regelvolle Dasein als die Existenz,
abgedient in Lebensstunden,
das Lebensalibi zu schaffen.
Und fürchtet jeden Ursprung.
Das Innere der Finsternis zum Fraß.
Das äußere an starkes Licht.

Bulus Treiben nicht fleißig produktiv?
Nur Saufen Huren Stehlen?
Nur ruhig, nur ruhig.
Es zeigt euch nur, dass
eure eingedroschne trockne Welt,
die in Maximen läuft,
statt um die Sterne,
des Wesens letzter Gang.

69

Ich lass euch nur einmal allein.
Ihr seid mir sehr zuwider.
Doch auch ich will euch
nicht ein fahler Spiegel sein.
Doch nicht zu lang.
Damit ihr eure Schönheit seht.
Doch nicht zu lang.
Damit ihr eure Schönheit
auch nicht überschätzt.

Gedenket heiter meines Durstes
und seid mir nicht zu gram.
Bald komm ich wieder
und schau mir eure Häuser an.
Bulu schließt die alten
Ecken seiner Augen.
Und denkt ein wenig vor.
Er ist nicht schuld
am Tode seines Nachbarn.

70

Bulus letzter Rat

Halt Ohren und das
Schwänzlein steif.
Eure Moral ist nicht meine Moral.
Daher nicht nur die Ohren.
Was helfen schon die Ohren
beim Pflanzen einer Sippe.
Doch helfen sie beim Kennen
wilder Phrasen.

Lass dich vom Treiben nicht entzünden.
Du hast noch früh genug zwei kalte Schaufeln.
Die, steif und nonnenbleich, baumeln
vom Kadaver, der schmierig ausgelacht.
Wie du gelacht, du Lump.
Belobt noch einmal, dann begraben.
Vergessen bis zum Jüngsten Tag.
Die Sippe reite dennoch her.
Warum sollst du allein beschissen sein?
Und Ohren halte dennoch steif.
Verrecken wirst du taub nicht leichter.

71

Begrabt mich tief
in dicker fetter Erde.
Dann schaufelt mich gleich zu.
Und die Erinnerung an mich
und das, was war.
Denn des Erinnerns seid ihr müde,
wenn die Erinnerung des Teufels war.
Doch wisset:
Meine Echtheit schien euch Makel
und meine Erdenlust nur ein Ballast.
Doch einmal, Drecksgesindel, sollt ihr
leben so ohne Falsch wie ich.
Vergesst mich ganz.
Den Guten wie den Schlechten,
den Frohen und den Armen,
den Greis, der immer jung,
und nehmt so eine Last von euch,
die euch zu schwer, da fremd.
Gehabt euch wohl.
Und lebt nur fort eure Armseligkeit,
Barmherzigkeit könnt ihr nicht zwingen.
Und lasst nur weiter euren Schädel
im Topf, der gute Pfründen bringt.
Doch wer im Topf,
der sieht nichts drumherum.
Es ist der Horizont der Läuse.
Sie sehen nur zwei Meter weit
und schreien ach wie groß die Welt.
Gehabt euch wohl, ihr Mumien.

Vergesst mich ganz.
Das Schandmaul, es
soll nur vergessen, da die
Erinnerung nur gram ihm ist.
Und seine Lippen tragen nur das
Böse, das Gute macht sie spröd.
Vergesst mich ganz.
Ich lass mich nicht bedecken
von eurer Huld
ein Wort an mich zu richten.
Denn dieses Wort ist Eiter,
getragen auf reiner Haut.
Gehabt euch wohl, ihr Tugendreiter,
denn eure Seele ist geleert.
Ihr lebt nur mehr mit euren Worten
und glaubt
das Leben ist ein Wort.
Vergesst mich ganz.
Den Helfer und den Hurenbock,
den Völler und den Trunkenbold,
ihr Spießgesellen der Regsamkeit.
Ihr schindet mit verdorrter Hand,
die Schönheit nicht mehr tragen kann.
Vergesst mich ganz
und lasst mich so noch leben.
Des freien Menschen Licht
ist euch nur Blendung.
Des freien Menschen Kraft
treibt euch die Angst.
Für einen Schluck voll Sicherheit
nehmt ihr ein Meer von Langeweile.
In euren bestialisch blöden Schädeln

ist Unterwerfung eine Lust.
Ich aber lebte aus voller Hand
und meine Schuld ist voll getilgt.
Doch euer Pfand löst Gott sich ein.
Gehabt euch wohl.
Vergesst mich ganz.

www.wieser-verlag.com